AF542712

10 MARS 1866

V

M. Rutter rue Louis le Grand

VENTE DU SAMEDI 10 MARS 1866

TABLEAUX

ANCIENS & MODERNES

Collection de feu M. M***

Me CHARLES PILLET, Commissaire-Priseur.

M. FEBVRE, Expert

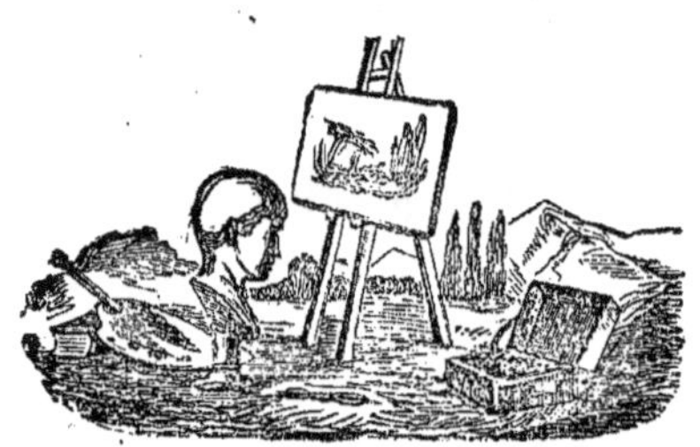

Renou et Maulde, Imprimeurs de la Compagnie des Commissaires-Priseurs,
rue de Rivoli, 144. 49577

CATALOGUE

D'UNE COLLECTION

DE

BONS TABLEAUX

ANCIENS & MODERNES

DES

ÉCOLES HOLLANDAISE, FLAMANDE & FRANÇAISE

PARMI LESQUELS FIGURENT :

Un Tableau capital par CHALLE;
Huit autres par DE MARNE;
Un GREUZE, Deux PRUD'HON, etc.;

DONT LA VENTE AUX ENCHÈRES PUBLIQUES AURA LIEU

Par suite du Décès de M. M***

HOTEL DROUOT

SALLE N° 5

LE SAMEDI 10 MARS 1866

A UNE HEURE ET DEMIE PRÉCISE

Par le ministère de **Me CHARLES PILLET,** Commissaire-Priseur, rue de Choiseul, 11,
Assisté de **M. FEBVRE,** Expert, rue Laffitte, 12,
CHEZ LESQUELS SE DISTRIBUE CE CATALOGUE.

EXPOSITION PUBLIQUE

Le VENDREDI 9 Mars 1866, de une heure à cinq heures.

PARIS – 1866

CONDITIONS DE LA VENTE

Elle sera faite au comptant.

Les Acquéreurs paieront, en sus des adjudications, CINQ CENTIMES PAR FRANC applicables aux frais.

DÉSIGNATION

DES

TABLEAUX ANCIENS

BAUDOUIN (Pierre-Antoine)

1 — La Visite chez le Peintre.

Un vieillard assis examine un portrait placé sur un chevalet. Pendant ce temps, le jeune artiste embrasse la main d'une femme charmante : son modèle.

Bois. — H. 29 c. L. 35 c.

BILCOQ

2 — Petit Garçon faisant des bulles de savon.

Bois. — H. 22 c. L. 16 c.

3 — Petite Fille jouant. Intérieur.

Bois. — H. 12 c. L. 16 c.

4 — Dispute entre villageois et la Sortie du bain. (Deux pendants.)

Bois. — H. 11 c. L. 16 c.

BOURDON (Sébastien)

5 — Le Jugement de Pâris.

Bois. — H. 00 c. L. 00 c.

6 — Artémise se faisant servir dans une coupe les cendres de Mausole.

Bois. — H. 00 c. L. 00 c.

BOUCHER (François)

7 — Jeune Femme tenant un oiseau. (Ancienne collection Fiché.)

Bois. — H. 21 c. L. 16 c.

BOUCHER (D'après François)

8 — Sujet pastoral.

Toile. — H. 38 c. L. 55 c.

9 — Sujet pastoral.

Toile. — H. 38 c. L. 55 c.

BRAKENBURG (Richard)

10 — Cavalier hollandais chez une courtisane.

Bois. — H. 17 c. L. 20 c.

BRAUWER (Adrien)

11 — Estaminet flamand.

A gauche, quatre hommes assis buvant ou fumant, près d'eux un autre accroupi; à droite, un personnage ivre s'appuie sur un poteau; dans le fond, d'autres personnages près d'une cheminée.

Signé du monogramme en bas du poteau.

Bois. — H. 33 c. L. 45 c.

12 — La Fête des Rois.

Dans un cabaret flamand sont des danseurs, des fumeurs et des buveurs, les uns assis, les autres debout; au fond, table servie, avec de nombreux convives, présidée par une reine couronnée.

Bois. — H. 52. L. 37 c.

BREUGHEL DE VELOURS

13 — Orphée aux Enfers.

A gauche, Pluton et Proserpine, assis sur leur trône; devant eux, Orphée jouant de la lyre; à droite et dans le fond, des damnés et des monstres.

Descamps, dans sa *Vie des Peintres flamands*, tome Ier, p. 379, parle de ce tableau, et aussi d'Argenville, tome II, p. 115. D'après les renseignements qui nous ont été transmis, ce petit chef-d'œuvre fut offert par Gustave III, de Suède, à Marie-Antoinette. Il disparut du cabinet de la reine en 1792, lors de l'envahissement des Tuileries; en 1807, il devint la propriété du chevalier d'Orly....

Signé Breughel, 1594.

Cuivre. — H. 25 c. L. 35 c.

CHALLE

14 — La Tentation de saint Antoine.

Pour séduire le saint anachorète, Satan, cette fois, a dédaigné les diablesses et les monstres affreux que Callot et Téniers nous ont fait connaître; il fait apparaître aux yeux du saint de séduisantes camargos et des houris les plus charmantes qui, emplumées et tenant des guirlandes de fleurs, dansent en présence d'un sultan blasé et impassible; toutes ces belles créatures sont sur le point de triompher du saint, qui, prêt à faiblir et agenouillé, jette un regard vers le ciel; un ange vole dans les airs et frappe d'un glaive les Furies tenant des torches qui se trouvent sur son passage; derrière les danseurs, sur les gradins d'un théâtre, on voit Pierrot, Arlequin, Colombine et Cassandre; à droite, dans l'ombre, Satan qui tient un grimoire et attend le dénouement avec anxiété.

Toile. — H. 106 c L. 135 c.

DAEL (VAN)

15 — Raisin noir et blanc, Pêche, Abricot et Papillon voltigeant.

Signé Van Dael 1826.

Toile. — H. 23 c. L. 31 c.

DEBUCOURT (Genre de)

16 — **Fête sur la place d'un village.**

Groupes de danseurs, homme montrant la lanterne magique, enfants jouant aux oublis, et autres personnages se divertissant; dans le fond, des villageois attablés.

Toile. — H. 32 c. L. 40 c.

DE MARNE

17 — **Le Départ du soldat.**

Dans l'intérieur d'une chaumière, un vétéran assis et décoré de la Légion d'honneur reçoit les adieux de son fils, qui porte l'uniforme de soldat; la mère montre à sa petite fille les armes du grand-papa; à la porte, un sergent cause avec un paysan en attendant son camarade.

Signé Demarne.

Œuvre capitale. — Salon de 1812.

Toile. — H. 47 c. L. 65 c.

18 — **Les Sables de Normandie.**

A gauche, plage sablonneuse; sur cette plage, un bateau échoué, des marchands de poissons et des marins, puis des villageois et des animaux. A droite, la mer avec bateau de pêcheurs et grand nombre de pêcheuses de crevettes.

Cette charmante composition, du meilleur temps du maître, peut être considérée comme l'un de ses chefs-d'œuvre; il fut exposé en l'an V et fit partie des collections Tardieu et Degremont.

Signé Demarne.

Toile. — H. 45 c. L. 66 c.

19 — **Le Passage du Gué.**

Un villageois conduisant des animaux, et trois femmes dont l'une tient un enfant, traversent un ruisseau; de l'autre côté, une charrette attelée et conduite va également passer ce gué; à gauche est une colline boisée que domine un vieux castel. Dans le fond est une plaine où serpente un rivière.

Signé Demarne, 1820.

Toile. — H. 32 c. L. 44 c.

DE MARNE

20 — Le Flageolet volé.

Couché à l'ombre d'un arbre, un pâtre s'est endormi ; une jeune fille profite de son sommeil pour lui dérober son flageolet. Devant le pâtre sont deux vaches debout et deux moutons.

Signé Demarne, 1825.

Bois. — H. 21 c. L. 27 c.

21 — Buveurs dans une salle d'auberge.

Signé.

Toile. — H. 22 c. L. 30 c.

22 — L'Heureuse Famille.

Devant une maison rustique est une famille de villageois. Une mère tient son enfant; une jeune fille travaille près de la grand'-mère; le père apporte à boire. Sur le devant sont plusieurs animaux : ânes, chèvre, chien, etc.

Signé.

Bois. — H. 31 c. L. 41 c.

23 — Paysage.

A gauche, près d'une chapelle gothique ornée de statues, est une villageoise qui garde des animaux. Sur le devant, un ruisseau où un chien se désaltère ; plus loin, des moissonneurs se reposent à l'ombre de grands arbres.

Signé Demarne.

Toile. — H. 23 c. L. 32 c.

24 — Le Canal.

Au centre, un canal avec bateau ; à gauche, un quai, où des gens du port débarquent des marchandises. Plus loin, une ferme ; dans le fond, une tour formant l'entrée d'un village. Grand nombre de personnages.

Signé.

Toile. — H. 50 c. L. 70 c.

DEMAY

25 — Troupes en marche et escorte militaire.

Signé 1834.

Bois. — H. 26 c. L. 38 c.

DEMAY

26 — **Fête de village, foule autour d'un charlatan.**

Signé 1834.

Bois. — H. 29 c. L. 41 c.

DROLLING (MARTIN)

27 — **La Leçon de charité.**

A gauche, à la porte d'une église, sont plusieurs pauvres, deux femmes, deux enfants et un vieillard qui, le chapeau à la main, reçoit l'aumône d'une petite fille que sa mère dirige; un autre vieillard, paraissant être un vieux soldat, s'approche et tend aussi son chapeau; dans le fond, à droite, est un monastère où des religieux distribuent des aliments.

Signé en toutes lettres, 1788.

Toile. — H. 38 c. L. 51 c.

28 — **Savant dans son cabinet.**

Représenté en robe de chambre en soie verte et coiffé d'un béret, il est assis devant une table sur laquelle est un livre illustré et divers objets; à gauche, dans le fond sont deux hommes qui le regardent.

Bois. — H. 17 c. L. 14 c.

DUJARDIN (Manière de KAREL)

29 — **Animaux dans un pâturage.**

A droite, un jeune pâtre taillant une branche, près de lui un âne qui brait; à gauche, deux vaches debout, dont une blanche.

Bois. — H. 33 c. L. 42 c.

FRAGONARD (HONORÉ)

30 — **Jeunes Amants dans un parc.**

Signé au bas à droite.

Bois. — H. 27 c. L. 26 c.

GREUZE (Jean-Baptiste)

31 — Petit Garçon à son lever.

Vu en buste, petite chemise tombante qui découvre une partie de sa poitrine, son bras droit relevé laisse voir une charmante petite menote potelée; chevelure blonde, avec le désordre enfantin.

Toile. — H. 40 c. L. 32 c.

GREUZE (D'après Jean-Baptiste)

32 — L'Accordée de village.

Toile. — H. 68. c. L. 70 c.

33 — Le Paralytique.

Toile — H. 68 c. L. 70 c.

Réduction des tableaux qui figurent au Musée du Louvre.

HEDA (Willem-Klaust)

34 — Vidrecome, Gobelets et Plats en argent; le tout sur une table de marbre.

Signé en toutes lettres, 1653.

Bois. — H. 40 c. L. 36 c.

HEEM (David de)

35 — Nature morte.

Sur une table de pierre recouverte d'un tapis sont un pot de grès, des raisins, une grenade ouverte, un citron à demi-pelé et d'autres fruits.

Signé en toutes lettres.

Bois. — H. 48 c. L. 63 c.

HOGARTH (William)

36 — Matelots jouant aux cartes.

Dans une taverne, quatre matelots assis jouent aux cartes; deux autres les regardent; un septième personnage est debout.

Œuvre spirituelle et remplie de vérité. Nous voyons rarement en France des productions de cet artiste.

Signé G. Hogarth, 1750. London.

Bois. — H. 35 c. L. 43 c.

HONDEKŒTER (Melchior)

37 — Poule et ses Poussins.

Bois. — H. 75 c. L. 70 c.

Signé des Initiales de P. D. HOOGHE.

38 — Intérieur hollandais.

Chambre basse ou cuisine. Une ménagère assise épluche des pommes; près d'elle, une table sur laquelle sont des fruits et des légumes. A terre, des ustensiles de cuisine; à droite, dans le fond, un jeune garçon prend un bocal placé sur un buffet; à gauche, un gentilhomme fait ses adieux à la maîtresse de la maison. Toute la partie de ce tableau est dans un clair-obscur savamment ménagé. Par une porte entr'ouverte, on voit une cheminée Renaissance vivement éclairée qui fait partie d'une autre pièce. Dans le fond, par une autre porte ouverte, on aperçoit un jardin.

Signé du monogramme P. D , 16...

Bois. — H. 53 c. L. 69 c.

JEAURAT (de Bertry)

39 — Mascarade sur l'ancienne place Maubert.

Bois. — H. 35 c. L. 43 c.

LATOUR (Mme)

40 — L'Education du Perroquet.

Bois. — H. 39 c. L. 32 c.

LEDOUX (Mlle), élève de GREUZE

41 — Petite Fille vue en buste, tenant un panier de cerises.

Toile. — H. 39 c. L. 31 c.

LENZEN, ÉLÈVE D'OMMEGANCK

42 — Paysage.

Une femme portant un enfant traverse un gué. Elle est suivie d'un jeune homme qui caresse un chien.

Bois. — H. 28 c. L. 29 c.

LERICHE

43 — Fleurs dans un vase posé sur une table de marbre.

Signé Leriche, 1801.

Toile. — H. 36 c. L. 44 c.

MARTIN

44 — Jeune Dame donnant à manger à un oiseau. Intérieur.

Toile.— H. 65 c. L. 41 c.

MIÉRIS LE FILS (François)

45 — Adam et Ève au Paradis terrestre.

Ève présente la pomme à Adam.

Bois.— H. 23 c. L. 22 c.

46 — Léda inspirée par l'Amour.

Bois.— H. 28 c. L. 22 c.

NETSCHER (Attribué à Gaspard)

47 — Le Perroquet.

Appuyée près de l'ouverture d'une fenêtre, une jeune et élégante dame hollandaise donne à manger à un perroquet, qu'elle tient sur son doigt; derrière elle, un petit serviteur apporte des fruits sur un plateau. Sur l'appui de la fenêtre sont une cage et un tapis d'Orient.

Signé en toutes lettres.

Bois.— H. 45 c. L. 34 c.

PLATZER

48 — **David se disposant à aller combattre Goliath.**

Grande composition. Sur une petite toile, nombre de figures traitées avec le plus grand fini.

Cuivre. — H. 27 c. L. 38 c.

49 — **David vainqueur de Goliath.**

David tient au bout d'une pique la tête du géant; il est suivi par le peuple qui précède le cortége du roi Saül, assis sur un trône.

Pendant du précédent.

Cuivre. — H. 27 c. L. 38 c.

POTTER (Attribué à Paul)

50 — **Pâturage aux environs de Harlem.**

Signé P. Potter.

Toile. — H. 37 c. L. 48 c.

POTTER (D'après Paul)

51 — **Bœufs et Moutons dans un pâturage.**

Réduction du tableau qui figure au Musée du Louvre, sous le nº 400. Signé P. Potter.

Bois. — H. 37 c. L. 45 c.

PRUD'HON (Pierre)

53 — **Portrait de Mme la duchesse d'A.......**

Représentée en buste, presque de face, robe en velours bleu, chevelure noire et bouclée avec voile, fichu en gaze.

Toile. — H. 53 c. L. 54 c.

Signé PIERRE PRUD'HON

Présumé être de Mlle **MEYER.**

52 — **L'Amour marchand de plaisirs.**

Deux jeunes époux se présentent devant l'Amour pour acheter des plaisirs.

Gracieuse composition

Signé en toutes lettres.

Toile. — H. 48 c. L. 56 c.

QUERFURT

54 — Batailles. (Deux pendants.)

Bois. — H. 20 c. L. 20 c.

REMBRANDT (Attribué à PAUL VAN RYN)

55 — La Madeleine repentante.

Ce tableau, d'un effet puissant, représente l'intérieur d'une forêt dont les arbres, d'une couleur vigoureuse, se dessinent sur un ciel nuageux. A droite, la Madeleine éplorée reçoit les consolations d'un ange.

Toile —H. 69 c.. L. 86 c.

ROBERT (HUBERT)

56 — Ruines antiques et figures.

Bois. — H. 31 c. L. 24 c.

SCHŒVARDTS (M.)

57 — Campagne italienne animée par une grande quantité de figures et d'animaux; à droite, dans le fond, est l'entrée d'une ville.

Bois. — H. 32 c L. 44 c.

58 — Place d'une ville avec grand nombre de personnages.

Bois. — H. 32 c. L. 44 c..

59 — Paysage animé de figures.

Bois. — H. 20 c. L. 22 c.

STEEN (JEAN)

60 — Intérieur hollandais.

Jean Steen assis jouant de la mandoline.

Signé en toutes lettres.

Toile. — H. 39 c. L. 30 c.

STRY (JACOB VAN)

61 — Animaux dans un paysage.

Trois vaches couchées; une autre debout, que trait une femme, puis des moutons et des chèvres; à gauche, près d'un portique en ruine, deux vaches s'abreuvant à un cours d'eau.

Œuvre remarquable, du beau temps du maître.

Bois. — H. 55 c. L. 81 c.

SWÉBACH DES FONTAINES

62 — Rendez-vous de chasse.

Bois. — H. 16 c. L. 20 c.

TAUNAY

63 — Deux charmants Paysages animés de figures.

64 — La Mort du chevalier Bayard.

Bois. — H. 16 c. L. 28 c.

Ancienne collection Perregaux.

TÉNIERS LE PÈRE (DAVID)

65 — Le Médecin empirique.

Une femme debout consulte un médecin qui examine le contenu d'une fiole; devant lui est une table avec des livres épars; une jeune fille, placée près d'une porte, écoute avec attention; dans le fond de la pièce, à droite, des élèves apprêtent des médicaments.

Toile. — H. 22 c. L. 22 c.

TÉNIERS (Attribué à DAVID)

66 — **Estaminet flamand.**

Un jeune homme assis tient un pot et un verre; près de lui est un homme âgé; dans le fond, plusieurs personnages.

Signé.

Bois. — H. 36 c. L. 51 c.

67 — **Fumeurs et Buveurs dans une tabagie.**

A gauche, deux hommes assis; l'un tient un verre et regarde monter la fumée; plus loin, un homme bourre sa pipe; un autre regarde par une croisée; dans le fond, à droite, cinq autres personnages près d'une cheminée.

Signé D. Téniers.

Bois. — H. 36 c. L. 45 c.

VALIN

68 — **Baigneuses près d'une fontaine.**

Bois. — H. 39 c. L. 31 c.

69 — **La Comparaison. (Pendant du précédent.)**

Bois. — H. 39 c. L. 31 c.

WOUVERMAN (PHILIPS)

70 — **Chasse au cerf.**

Deux cerfs sont forcés près d'une rivière; l'un d'eux est abattu. Groupes de chasseurs à pied et à cheval. Tombée de la nuit.

Bois. — H. 00 c. L. 00 c.

WOUVERMAN (PIERRE)

71 — **Le Maréchal-ferrant.**

Un maréchal ferre un cheval blanc; près de lui est un cavalier et quelques autres personnages, un enfant qui marche sur des échasses, et des animaux.

Bois. — H. 30 c. L. 37 c.

WOUVERMAN (D'après Philips)

72 — La Fontaine de Bacchus. Sujet gravé par Moireau.

Signé P. W.

Bois. — H. 32 c. L. 44 c.

73 — Halte de cavalerie, sujet gravé par Lebas.

Signé P. W.

Toile. — H. 35 c. L. 42 c.

74 — Bivouac de cavalerie.

Toile. — H. 42 c. L. 54 c.

WYNANTZ DE BRUXELLES

75 — Paysage animé de figures. Œuvre traitée avec une grande finesse.

Signé.

Bois. — H. 22 c. L. 30 c.

76 — Vue de la place de la cathédrale de Malines.

Grande quantité de petites figurines.

Toile. — H. 35 c. L. 25 c.

TABLEAUX DE L'ÉCOLE MODERNE

DE DREUX (ALFRED)

77 — Deux Chevaux en liberté.
Signé.
Toile. — H. 43 c. L. 65 c.

78 — Cavalier et Amazone.
Signé.
Toile. — H. 36 c. L. 45 c.

FAUVELET (JEAN)

79 — Jeune Femme assise près d'une cheminée.
Signé.
Bois. — H. 31 c. L. 23 c.

80 — Sterne lisant.
Signé.
Bois. — H. 12 c. L. 8 c.

MÉRY (EMILE-ALFRED)

81 — Fleurs, Fruits et Insectes.
Toile. — H. 64 c. L. 80 c.

82 — Escalier rustique, à Bougival.
Toile. — H. 60 c. L. 33 c.

83 — Miss. Chienne terrier. (Gouache.)

84 — Lapins dans leur cabane. (Gouache.)

ROSSI (Gazziolo)

85 — Canal de Venise avec grand nombre d'embarcations.

Toile. — H. 31 c. L. 39 c.

86 — Vue du grand Canal et du Palais des Doges de Venise.

Toile. — H. 31 c. L. 39 c.

87 — Fête et Joûtes sur le grand Canal de Venise.

Toile. — H. 64 c. L. 94 c.

T'SCHAGGENY (Charles-Philomèle)

88 — Cheval blanc à l'écurie et palfrenier endormi.

Bois. — H. 58 c. L. 75 c.

VERBOECKHOVEN (Eugène)

89 — Moutons dans un paysage.

Signé.

Bois. — H. 14 c. L. 18 c.

90 — Vache debout dans un pâturage.

Signé à gauche sur une branche d'arbre.

Toile. — H. 32 c. L. 40 c.

Renou et Maulde, Imprimeurs de la Compagnie des Commissaires-Priseurs, rue de Rivoli, 144. 40577

www.ingramcontent.com/pod-product-compliance
Lightning Source LLC
LaVergne TN
LVHW010014230826
846092LV00002B/820
9782329541495